Impressum
Verlag: BABADADA GmbH, Nedderfeld 112 , 22529 Hamburg
Geschäftsführer / Verlagsleitung: Harald Hof
Druck: Books on Demand GmbH, In de Tarpen 42, 22848 Norderstedt

Imprint
Publisher: BABADADA GmbH, Nedderfeld 112 , 22529 Hamburg, Germany
Managing Director / Publishing direction: Harald Hof
Print: Books on Demand GmbH, In de Tarpen 42, 22848 Norderstedt

colegio
mekdep

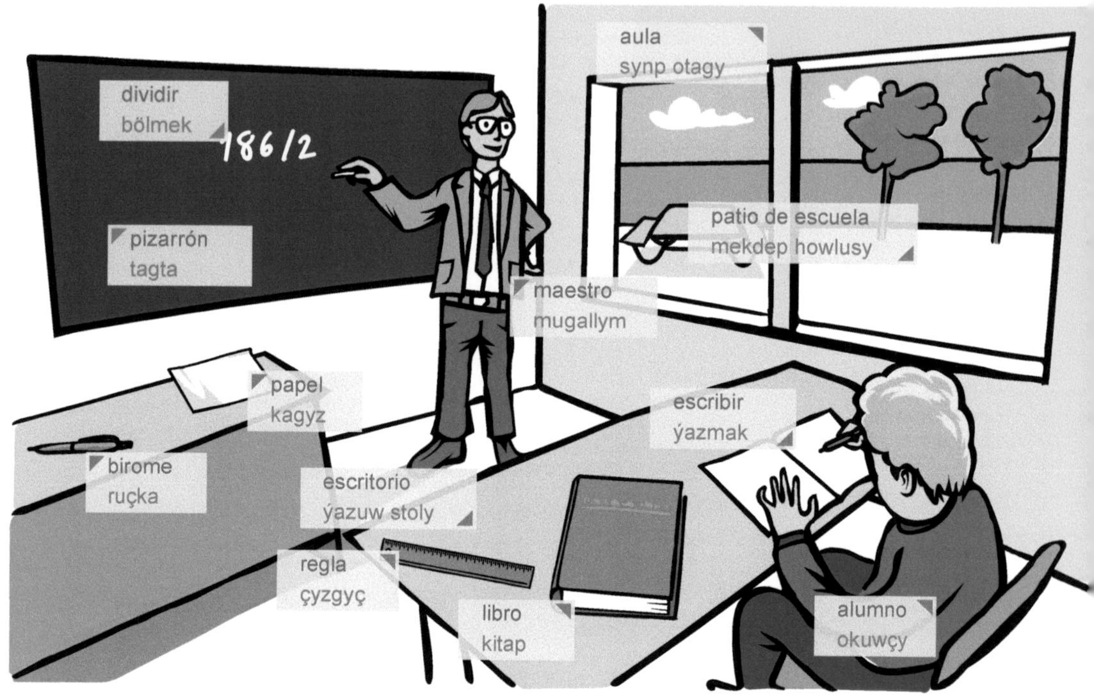
aula
synp otagy
dividir
bölmek
186/2
pizarrón
tagta
patio de escuela
mekdep howlusy
maestro
mugallym
papel
kagyz
escribir
ýazmak
birome
ruçka
escritorio
ýazuw stoly
regla
çyzgyç
libro
kitap
alumno
okuwçy

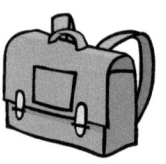

mochila
ranes

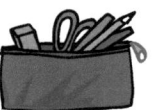

caja de lápices
penal

lápiz
galam

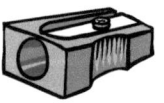

sacapuntas
galam artylýan

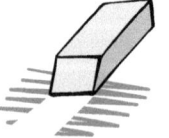

goma (de borrar)
bozguç

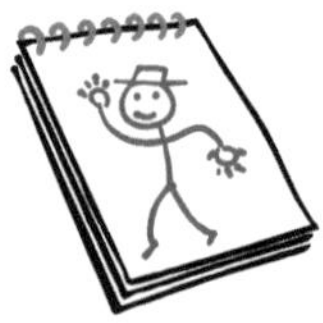

bloc de dibujo
surat çekmek üçin albom

dibujo
surat

pincel
çotgajyk

caja de pinturas
reňkli guty

tijera
gaýçy

pegamento
ýelim

cuaderno de ejercicios
depder

tarea
öý işi

número
san

sumar
goşmak

restar
aýyrmak

multiplicar
köpeltmek

calcular
hasaplamak

letra
harp

abecedario
elipbiý

palabra
söz

texto

tekst

leer

okamak

tiza

hek

lección

sapak

cuaderno de clase

synp dergisi

examen

synag

certificado

diplom

uniforme escolar

mekdep lybasy

educación

bilim

enciclopedia

ensiklopediýa

universidad

uniwersitet

microscopio

mikroskop

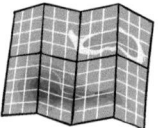

mapa

karta

tacho (de basura)

kagyz üçin sebet

viaje
syýahat

Grand
hotel
myhmanhana
hostel
syýahatçylyk bazasy
casa de cambio
walýuta çalyşmak üçin bent
valija
çemedan
auto
awtomobil

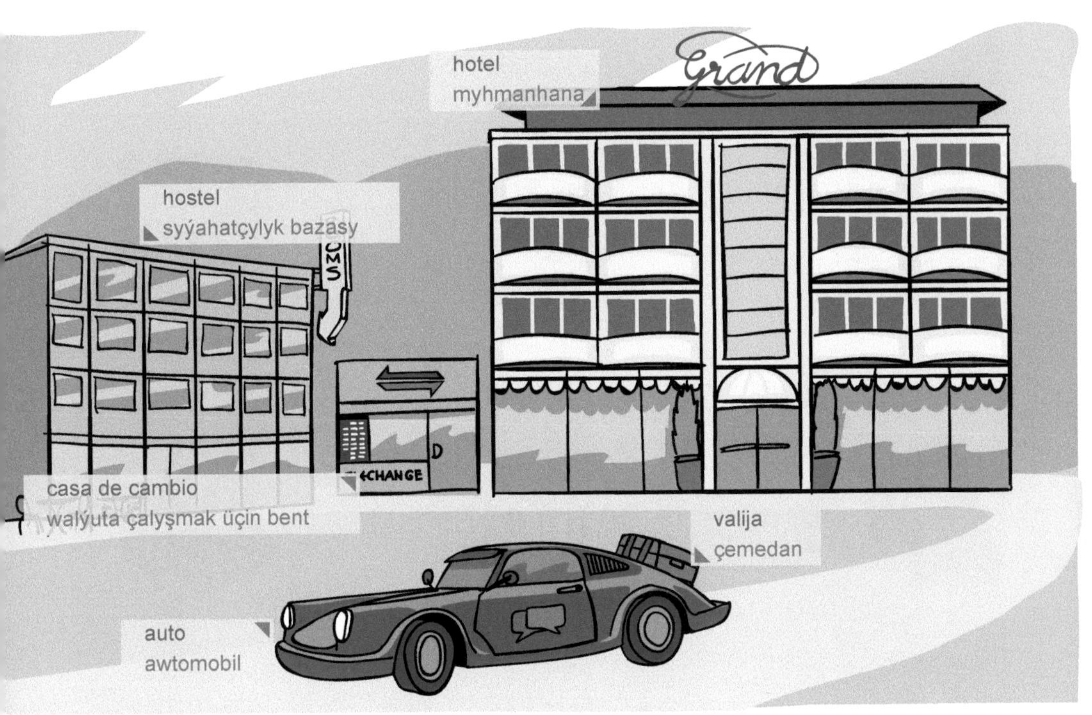

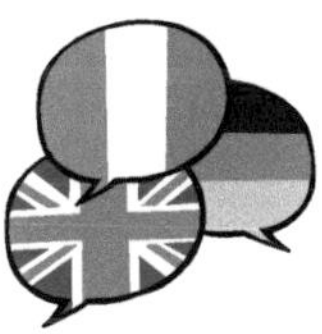

idioma

dil

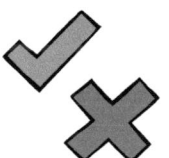

sí / no

hawwa / ýok

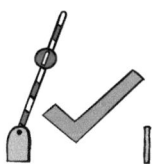

Está bien

bolýa

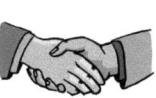

hola

salam

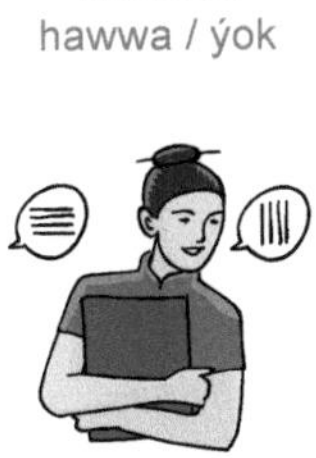

traductor

terjimeçi

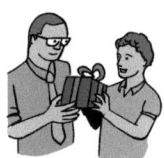

Gracias

Minnetdar

¿cuánto cuesta...?

bahasy näçe?

No entiendo

men düşünmeýärin

problema

mesele

¡Buenas tardes!

Agşamyňyz haýyr!

¡Buenos días!

Ertiriňiz haýyrly!

¡Buenas noches!

Gijäňiz rahat bolsun!

adiós

görüşýänçäk

dirección

ugur

equipaje

ýük

bolso

torba

mochila

eginden asylýan torba

invitado

myhman

habitación

otag

bolsa de dormir

halta ýorgan

carpa

çadyr

información turística

syýahatçylyk maglumaty

playa

kenarýaka

tarjeta de crédito

karz karty

desayuno

ertirlik

almuerzo

günortanlyk

cena

agşamlyk

pasaje

petek

ascensor

lift

sello

poçta markasy

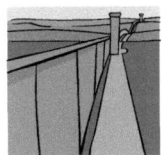

frontera

çäk

aduana

gumrük

embajada

ilçihana

visa

wiza

pasaporte

pasport

transporte
ulag

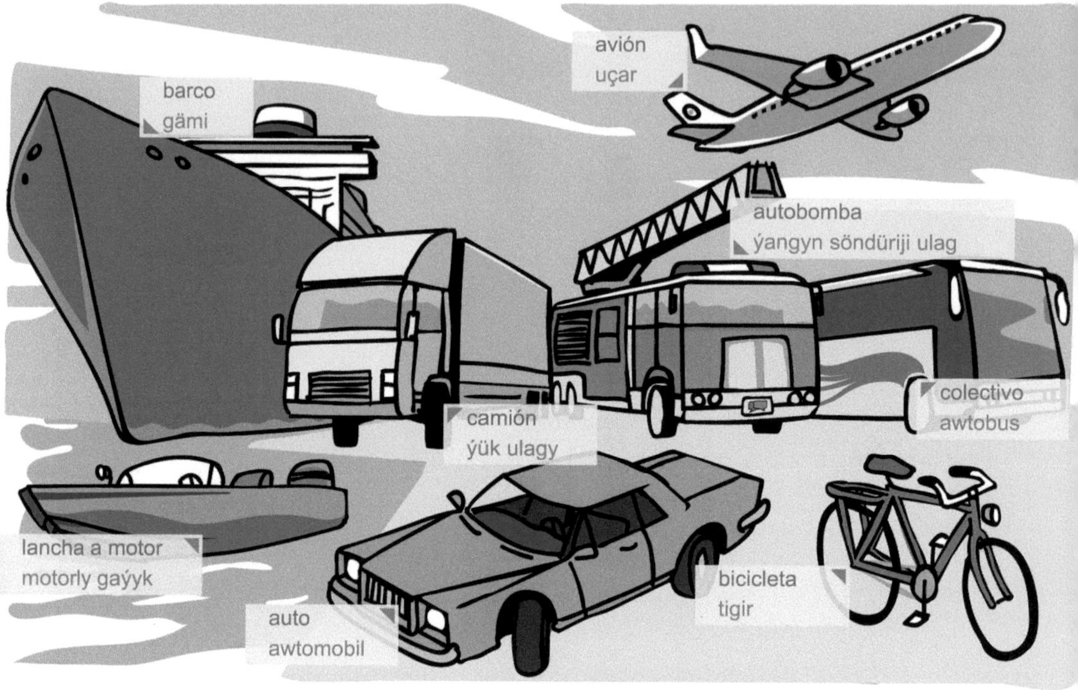

avión
uçar
barco
gämi
autobomba
ýangyn söndüriji ulag
colectivo
awtobus
camión
ýük ulagy
lancha a motor
motorly gaýyk
bicicleta
tigir
auto
awtomobil

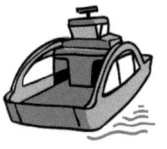

ferry
parom

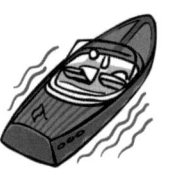

bote
gaýyk

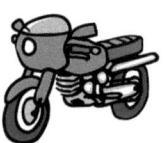

moto
motosikl

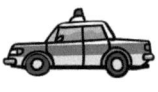

patrullero
polisiýa ulagy

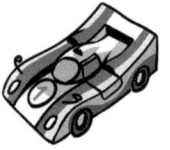

auto de carreras
çapyşyk

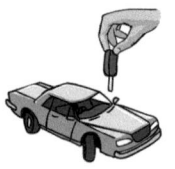

auto de alquiler
kärendä alnan ulga

alquiler de autos

ulagy bilelikde ulanmak

grúa

tirkeg ulagy

camión de basura

zir-zibil daşaýan ulag

motor

hereketlendiriji

nafta

ýangyç

estación de servicio

guýma

señal de tránsito

ýol belgisi

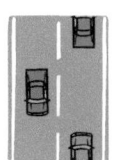

tránsito

hereket

embotellamiento

dyky

estacionamiento

awtoduralga

estación de tren

menzil

vías

seplem

tren

otly

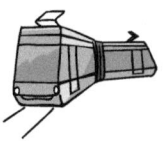

tranvía

tramwaý

vagón

wagon

helicóptero
dik uçar

aeropuerto
howa menzili

torre
minara

pasajero
ýolagçy

contenedor
konteýner

caja de cartón
guty

carretilla
araba

canasta
sebet

despegar / aterrizar
uçmak / gonmak

ciudad
şäher

pueblo
oba

centro de ciudad
şäher merkezi

casa
öý

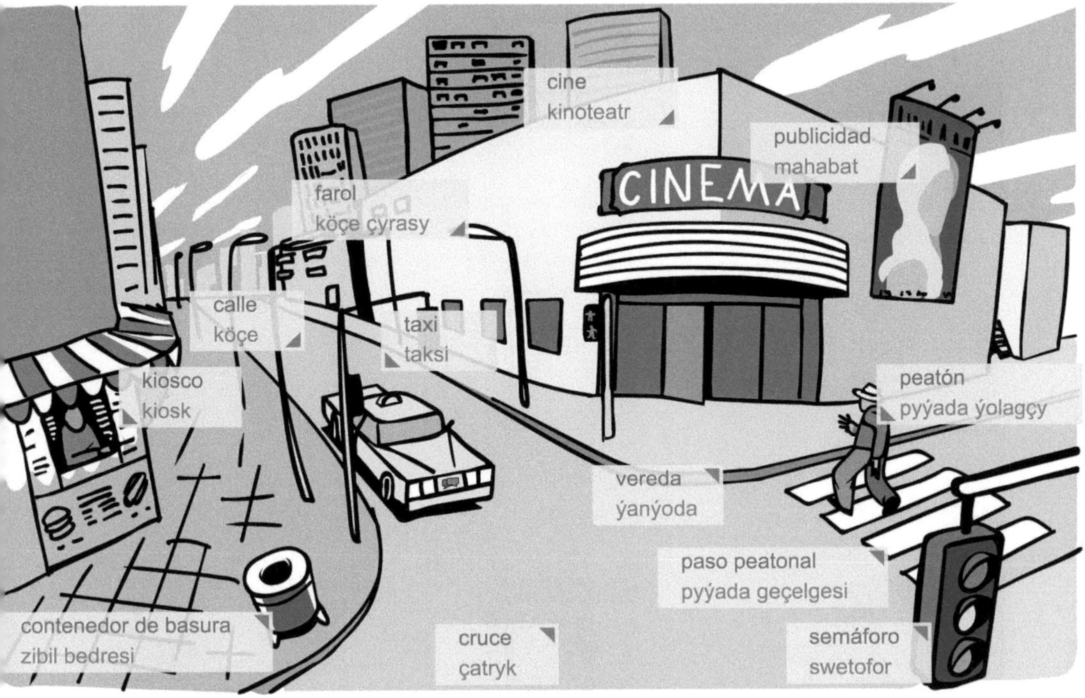

cine
kinoteatr

publicidad
mahabat

farol
köçe çyrasy

calle
köçe

taxi
taksi

peatón
pyýada ýolagçy

kiosco
kiosk

vereda
ýanýoda

paso peatonal
pyýada geçelgesi

contenedor de basura
zibil bedresi

cruce
çatryk

semáforo
swetofor

cabaña

kepbe

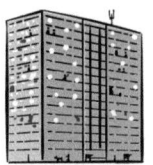

departamento

öý

estación de tren

menzil

municipalidad

şäher häkimligi

museo

muzeý

colegio

mekdep

ciudad - şäher

universidad

uniwersitet

banco

bank

hospital

hassahana

hotel

myhmanhana

farmacia

dermanhana

oficina

ofis

librería

kitap dükany

negocio

dükan

florería

gül dükany

supermercado

supermarket

mercado

bazar

grandes tiendas

uniwermag

pescadería

balyk söwdagäri

centro comercial

söwda merkezi

puerto

port

ciudad - şäher

parque
park

banco
oturgyç

puente
köpri

escaleras
merdiwan

subte
metro

túnel
ötük

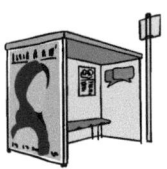

parada del colectivo
awtobus

bar
bar

restaurante
restoran

buzón
poçta gutusy

letrero
köçäni adyny görkezýän
ýazgy

parquímetro
parkometr

zoológico
haýwanat bagy

pileta
basseýn

mezquita
metjit

granja
ferma

contaminación
daşky gurşawyň hapalanmagy

cementerio
gonamçylyk

iglesia
buthana

juegos infantiles
çaga meýdançasy

templo
ybadathana

paisaje
landşaft

hoja
ýaprak

poste indicador
ýol görkeziji

camino
ýol

pradera
ýayla

piedra
daş

excursionista
syýahatçy

árbol
agaç

río
derýa

hierba
ot

flor
gül

valle

dere

montaña

dag

lago

köl

bosque

tokaý

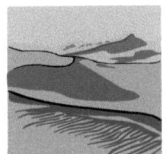

desierto

çöl

volcán

wulkan

castillo

gulp

arco iris

älemgoşar

champiñón

kömelek

palmera

palma agajy

mosquito

çybyn

mosca

sinek

hormiga

garynja

abeja

bal arysy

araña

möý

escarabajo

tomzak

rana

gurbaga

ardilla

awusiýdik

erizo

kirpi

liebre

towşan

lechuza

baýguş

pájaro

guş

cisne

guw

jabalí

ýekegapan

ciervo

sugun

alce

los

presa

bent

aerogenerador

şemal generatory

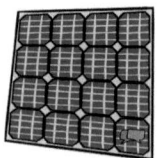

panel solar

gün batareýasy

clima

howa

restaurante
restoran

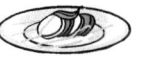

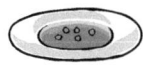

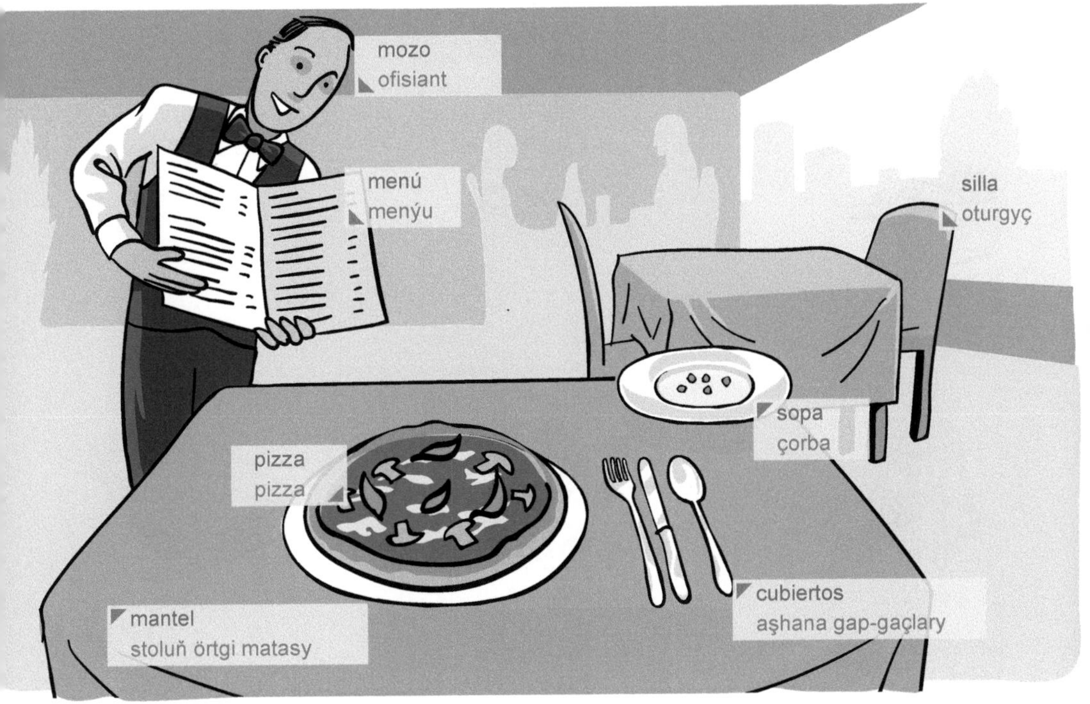
mozo
ofisiant
menú
menýu
silla
oturgyç
sopa
çorba
pizza
pizza
cubiertos
aşhana gap-gaçlary
mantel
stoluň örtgi matasy

entrada

garbanma

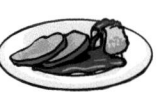

plato principal

esasy tagam

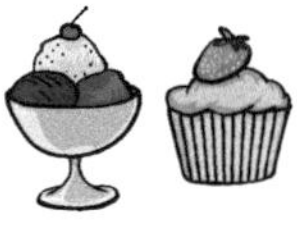

postre

süýjülik

bebidas

içgiler

comida

nahar

botella

süýşe

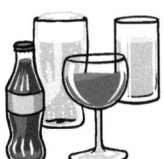

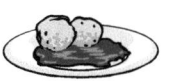

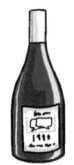

comida rápida

tiz tagam

comida callejera

köçe iýmiti

tetera

çäýnek, kitir

azucarera

şeker gaby

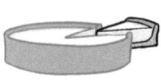

porción

porsiýa

cafetera expreso

kofe gaýnadyjy

sillita alta

çaga oturgyjy

cuenta

hasap

bandeja

mejme

cuchillo

pyçak

tenedor

çarşak

cuchara

çemçe

cucharita

çaý çemçesi

servilleta

salfetka

vaso

bulgur

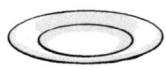

plato

tarelka

plato hondo

çorba tarelkasy

plato

tabajyk

salsa

sous

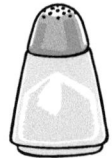

salero

duz gaby

molinillo de pimienta

burçy üweýji

vinagre

sirke

aceite

ýag

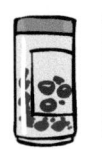

especias

huruş

kétchup

ketçup

mostaza

gorçisa

mayonesa

maýonez

supermercado
supermarket

oferta especial
ýörite teklip
FOR
cliente
alyjy
lácteos
süýt önümleri
fruta
miweler
changuito
satyn alnan zatlar üçin araba

BUTCHERS

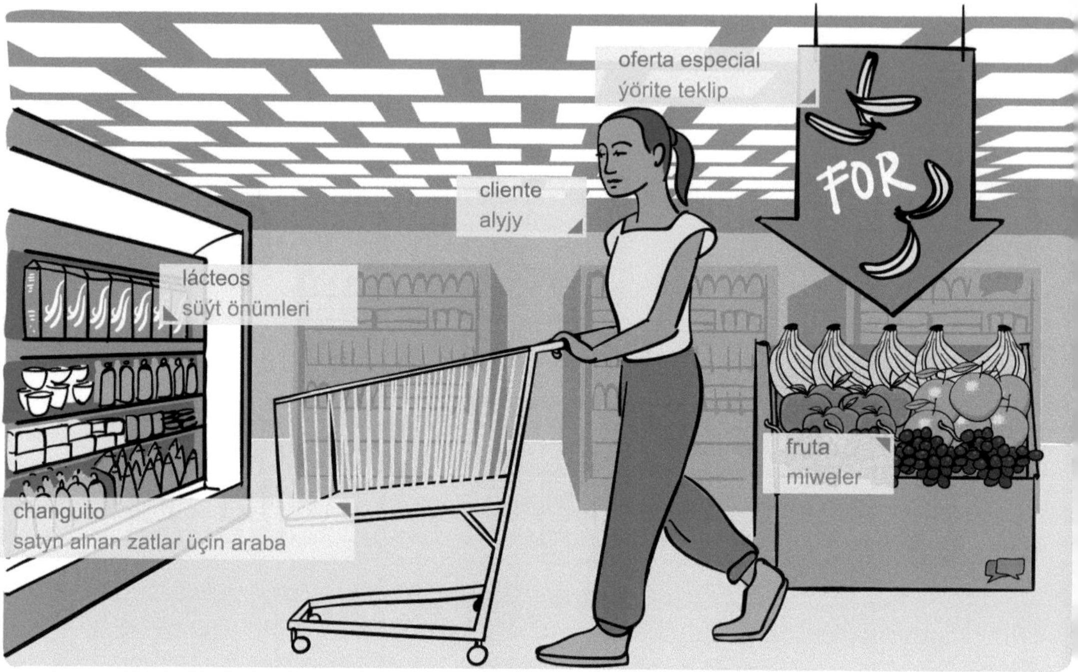

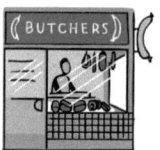

carnicería

et dükany

BAKERY

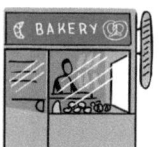

panadería

çörek kärhanasy

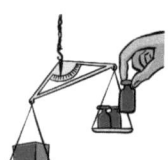

pesar

ölçemek

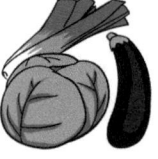

verduras

gök önümler

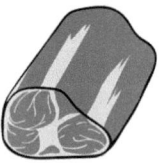

carne

et

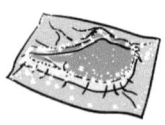

alimentos congelados

tiz doňýan önümler

fiambres

kesme

alimentos enlatados

konserwirlenen önümler

detergente en polvo

kir ýuwujy toz

golosinas

süýjülikler

electrodomésticos

öýde ulanylýan zat

productos de limpieza

ýuwujy serişde

vendedora

satyjy aýal

caja

kassa

cajero

pulhanaçy

lista de compras

satyn alynmaly zatlar

horario de atención

iş wagty

billetera

gapjyk

tarjeta de crédito

karz karty

cartera

sumka

bolsa de plástico

polietilen paket

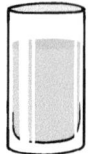

agua

suw

jugo

şire

leche

süýt

bebida cola

koka-kola

vino

wino

cerveza

piwo

alcohol

alkogol

cacao

kakao

té

çaý

café

kofe

café expreso

espresso

cappuccino

kapuçino

banana

banan

manzana

alma

naranja

pyrtykal

melón

garpyz

limón

limon

zanahoria

käşir

ajo

sarymsak

bambú

bambuk

cebolla

sogan

champiñón

kömelek

nueces

hoz

fideos

un aş

tallarines

spagetti

arroz

tüwi

ensalada

işdäaçar

papas fritas

gowurylan ýer alma

papas fritas

gowurylan ýer alma

pizza

pizza

hamburguesa

gamburger

sándwich

sendwiç

churrasco

üweme

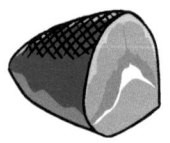

jamón

wetçina

salame

salýami

salchicha

şöhlat

pollo

towuk

asado

gowrulyp taýýarlanýan
nahar

pescado

balyk

copos de avena

süle patragy

muesli

mýusli

copos de maíz

mekgejöwen patragy

harina

un

medialuna

kruassan

pancito

bulka

pan

çörek

tostada

tost

galletitas

köke

manteca

ýag

cuajada

dorog

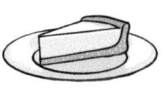

torta

pirog

huevo

ýumurtga

huevo frito

heýgenek

queso

peýnir

helado

doňdurma

azúcar

şeker

miel

bal

mermelada

marmelad

pasta de chocolate

nogully krem

curry

karri

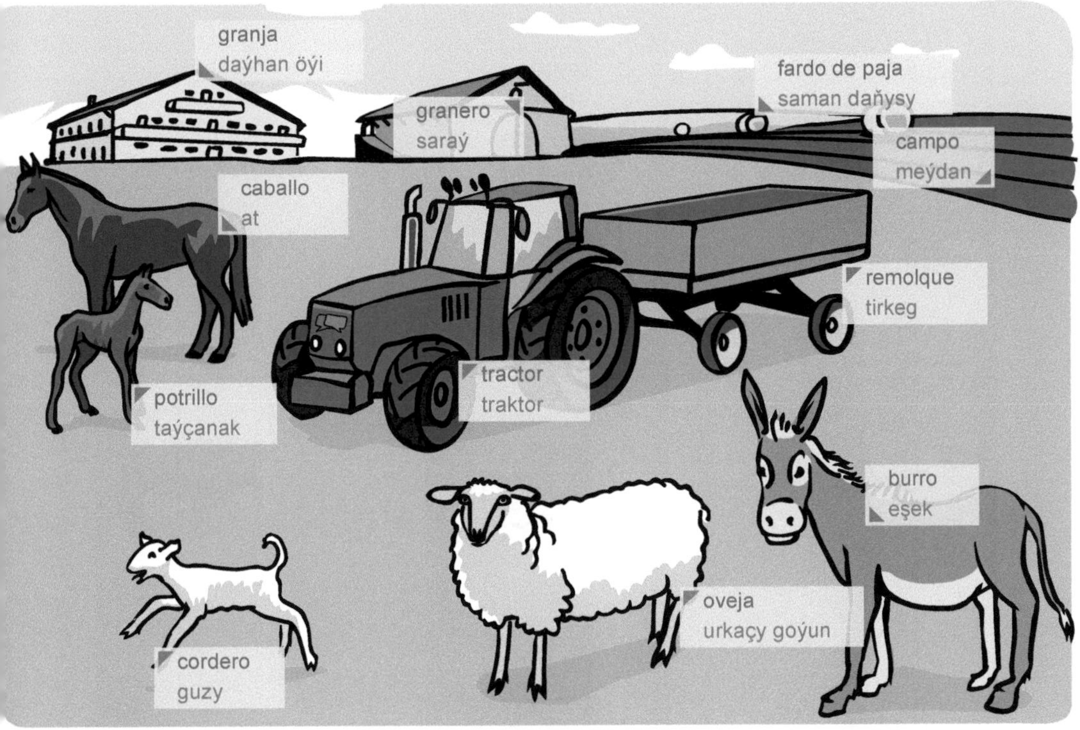

granja
daýhan öýi

fardo de paja
saman daňysy

granero
saraý

campo
meýdan

caballo
at

remolque
tirkeg

tractor
traktor

potrillo
taýçanak

burro
eşek

cordero
guzy

oveja
urkaçy goýun

cabra

geçi

vaca

sygyr

ternero

göle

cerdo

doňuz

lechón

jojuk

toro

öküz

ganso
gaz

pato
ördek

pollo
jüýje

gallina
towuk

gallo
horaz

rata
alaka

gato
pişik

ratón
syçan

buey
öküz

perro
it

cucha
it ýatagy

manguera
bag şlangy

regadera
guýgyç

guadaña
orak

arado
azal

hoz

orak

azada

kätmen

horquilla

dökün çarşagy

hacha

palta

carretilla

galtak

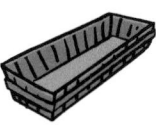

abrevadero

kersen

lechera

süýt üçin tüňňür

bolsa

halta

reja

haýat

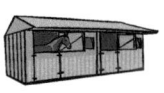

establo

çörek

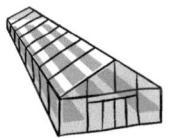

invernadero

ýyladyşhana

suelo

toprak

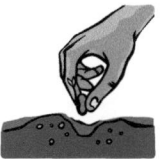

semilla

ekin

fertilizador

dökün

cosechadora

kombaýn

granja - ferma

cosechar

hasyl ýygnamak

cosecha

galla

batatas

ýams

trigo

bugdaý

soja

soýa

papa

ýeralma

maíz

mekgejöwen

semilla de colza

raps

árbol frutal

miwe agajy

mandioca

manioka

cereales

däneli ösümlikler

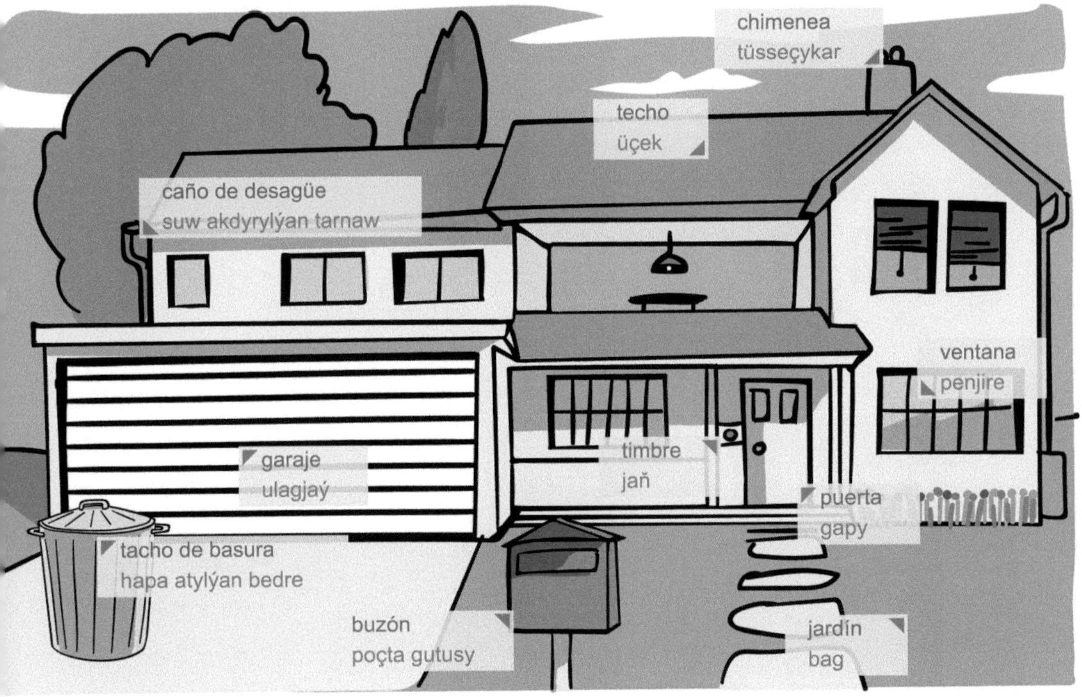

chimenea
tüsseçykar

techo
üçek

caño de desagüe
suw akdyrylýan tarnaw

ventana
penjire

garaje
ulagjaý

timbre
jaň

puerta
gapy

tacho de basura
hapa atylýan bedre

buzón
poçta gutusy

jardín
bag

living

myhman otagy

baño

wanna otagy

cocina

aşhana

dormitorio

ýatalga otagy

cuarto de los chicos

çaga otagy

comedor

naharhana

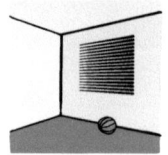

piso
pol

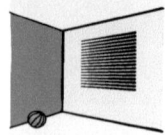

pared
diwar

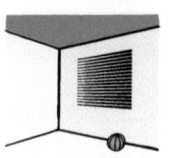

cielorraso
potolok

sótano
ýerzemin

sauna
hamam

balcón
balkon

terraza
eýwan

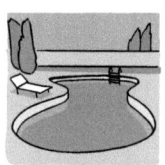

pileta
howdan

cortadora de pasto
gazon orujy

sábana
ýorgan daşlygy

acolchado
örtgi

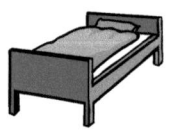

cama
ýatakça

escoba
sübse

balde
bedre

interruptor
öçüriji

empapelado
oboýlar

lámpara
çyra

imagen
çekilen surat

estante
tekje

armario
şkaf

chimenea
kamin

televisión
telewizor

flor
gül

almohadón
ýassyk

sofá
diwan

florero
küýze

control remoto
aralykdan dolandyryş pulty

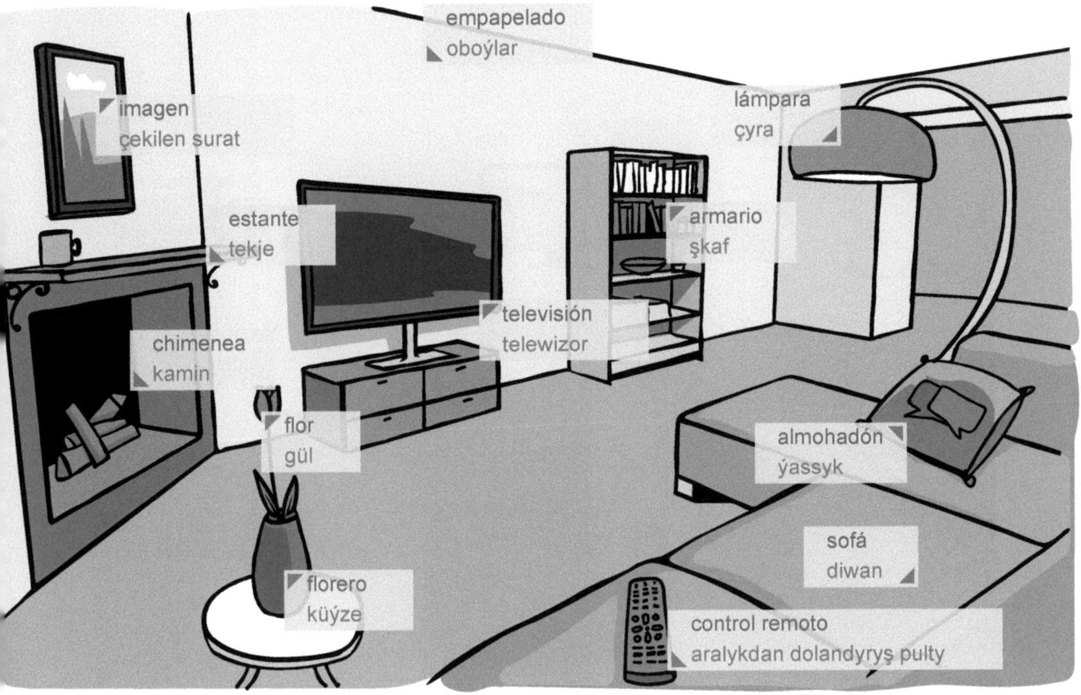

alfombra
haly

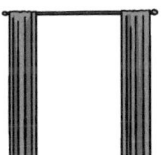

cortina
tuty

mesa
stol

silla
oturgyç

mecedora
öňe-yza gaýdýan kürsi

sillón
kürsi

libro
kitap

frazada
örtgi

decoración
bezeg

leña
odun

película
film

equipo de música
stereo ulgam

llave
açar

diario
gazet

pintura
surat

póster
ündewsurat

radio
radio

cuaderno
bloknot

aspiradora
tozan sorujy

cactus
kaktus

vela
şem

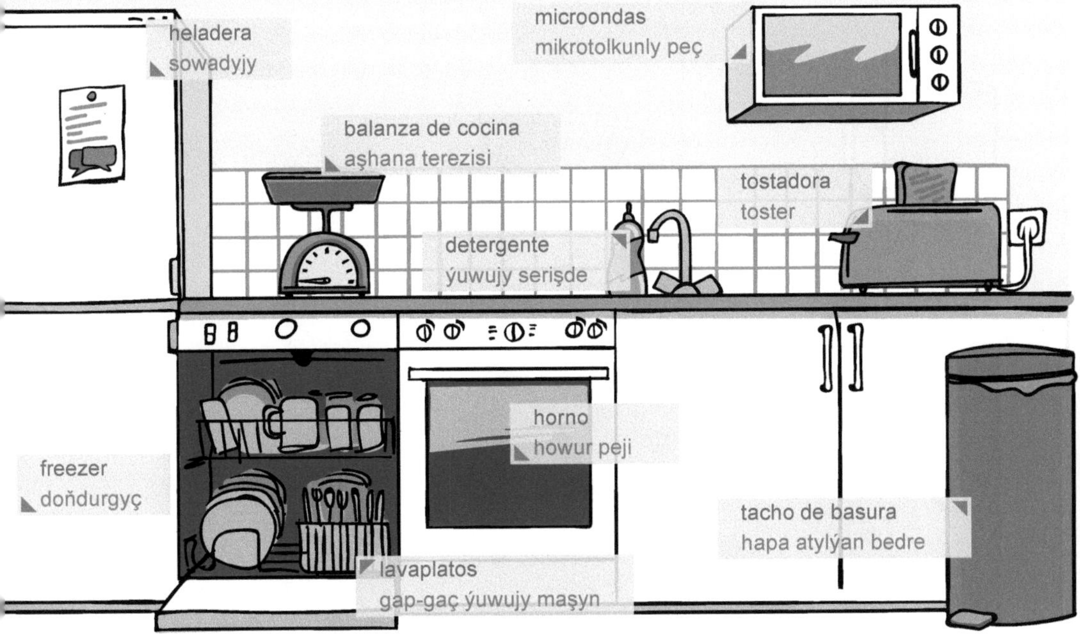

heladera
sowadyjy

microondas
mikrotolkunly peç

balanza de cocina
aşhana terezisi

tostadora
toster

detergente
ýuwujy serişde

horno
howur peji

freezer
doňdurgyç

tacho de basura
hapa atylýan bedre

lavaplatos
gap-gaç ýuwujy maşyn

cocina
....
plita

olla
....
piti

olla de hierro fundido
....
çoýun gazany

wok
....
wok / kadaý

sartén
....
saç

pava
....
çäýnek, kitir

vaporera

bugda bişiriji

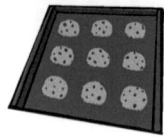

bandeja de horno

protiwen

vajilla

gap-gaç

taza

kürşge

bol

jam

palitos

nahar iýilýän taýajyklar

cucharón

susak

estpátula

piljagaz

batidora

ýaýylýan maşyn

colador

elek

colador

elek

rallador

gyrgyç

mortero

soky

parrilla

gril

fogata

ot

tabla de picar

tagta

palo de amasar

oklaw

sacacorchos

ştopor

lata

tüneke banka

abrelatas

konserwa pyçagy

manopla

tutguç

pileta

rakowina

cepillo

çotga

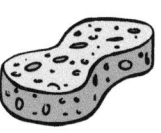

esponja

gubka

batidora

mikser

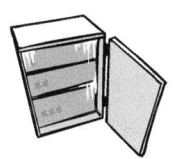

congelador

doňdurma kamerasy

mamadera

çagany iýmitlendirmek üçin
çüýşejik

canilla

kran

baño

wanna otagy

calefacción
ýyladyş
toalla
süpürgiç
ducha
duş
cortina de ducha
duş üçin tuty
baño de espuma
köpürjikli wanna
bañadera
wanna
lavarropas
kir ýuwulýan maşyn
baldosas
plitka
pelela
küýze
vaso
bulgur
canilla
kran
pileta
rakowina

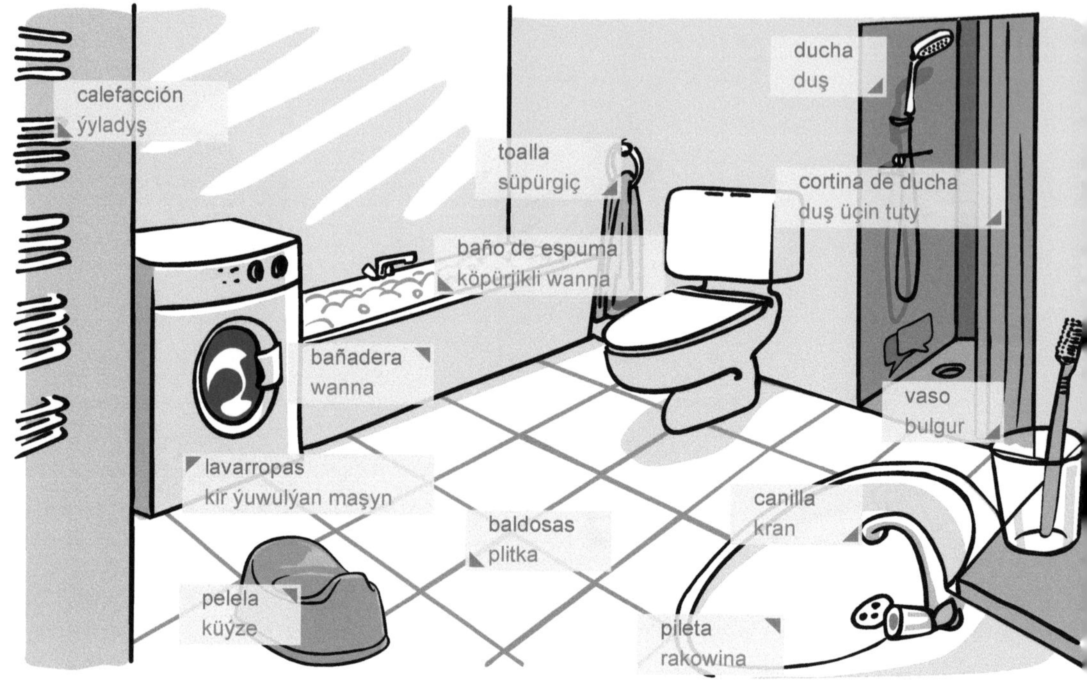

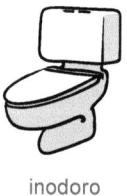

inodoro

hajathana

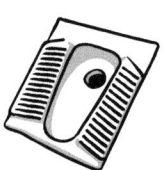

letrina

polda oturdylýan unitaz

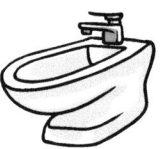

bidé

bide

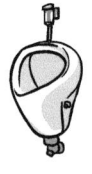

mingitorio

pissuar

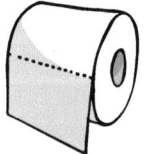

papel higiénico

hajathana kagyzy

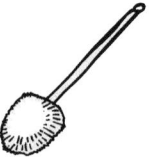

cepillo para el inodoro

hajathana çotgasy

cepillo de dientes

diş çotgasy

dentífrico

diş pastasy

hilo dental

diş sapagy

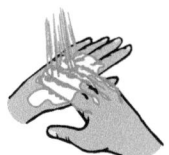

lavar

ýuwmak

ducha de mano

el duşy

ducha higiénica

şahsy duş

palangana

legen

cepillo para espalda

arka üçin çotga

jabón

sabyn

gel de ducha

duş üçin gel

shampoo

şampun

toallita

moçalka

desagüe

akyş

crema

krem

desodorante

dezodorant

espejo

aýna

espejito

el aýnasy

maquinita de afeitar

päki

espuma de afeitar

sakgal syrmak üçin köpürjik

aftershave

sakgal syrylanyndan soňky
losýon

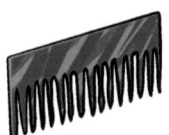

peine

darak

cepillo

çotga

secador de pelo

fen

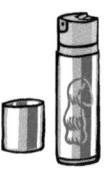

spray

saç üçin lak

maquillaje

kosmetika ·

lápiz de labios

dodaga çalynýan reňk

esmalte para uñas

dyrnaga çalynýan reňk

algodón

pamyk

tijera para uñas

manikýur gaýçysy

perfume

atyr

portacosméticos

kosmetika üçin gutujyk

banqueta

oturgyç

balanza

terezi

bata

halat

guantes de goma

rezin ellik

tampón

tampon

toallita femenina

gigiýena prokladkasy

baño químico

biohajathana

cuarto de los chicos

çaga otagy

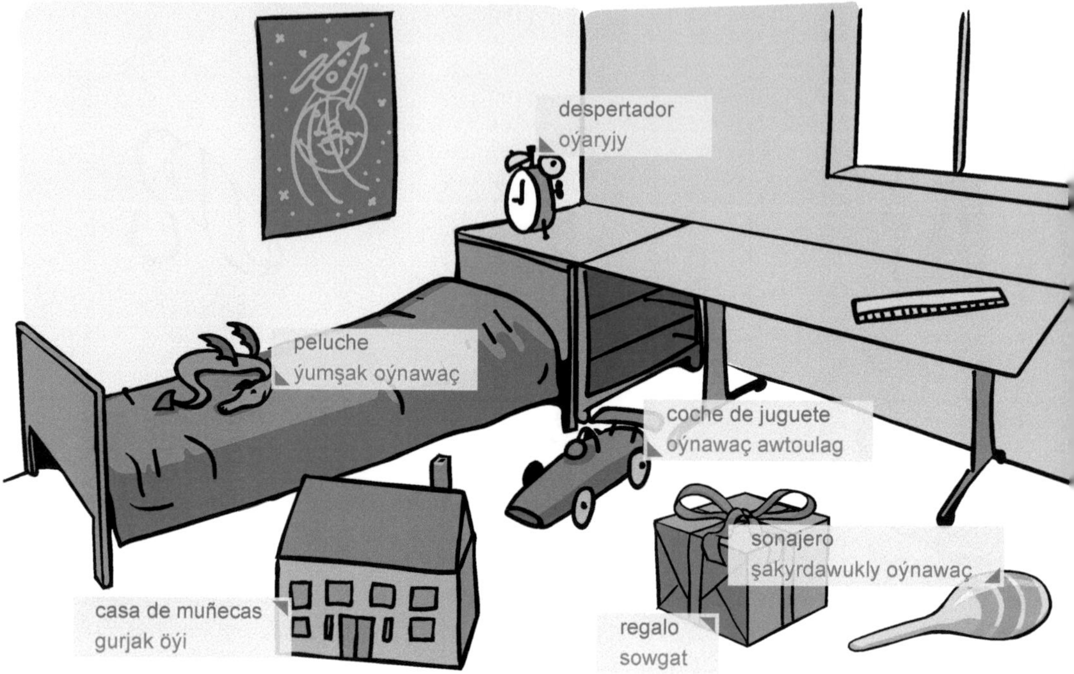

despertador
oýaryjy

peluche
ýumşak oýnawaç

coche de juguete
oýnawaç awtoulag

sonajero
şakyrdawukly oýnawaç

casa de muñecas
gurjak öýi

regalo
sowgat

globo

howaly şar

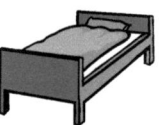

cama

ýatakça

cochecito

çaga arabasy

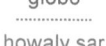

cartas

kart oýny

rompecabezas

pazl

historieta

komiks

piezas de lego

Lego kerpiçleri

ladrillos de juguete

kubikler

figura de acción

oýnawaç şekil

enterito (de bebé)

çagalar üçin joraply balak

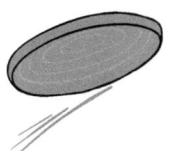

frisbee

frisbi

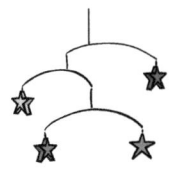

móvil para bebés

mobile

juego de mesa

stolüsti oýun

dados

kubik

tren eléctrico

demir ýolunyň modeli

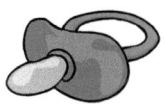

chupete

soska

fiesta

şagalaň

libro de cuentos ilustrado

şekilli kitap

pelota

top

muñeca

gurjak

jugar

oýnamak

arenero

çäge aýmança

hamaca

hiňňildik

juguetes

oýnawaç

consola de videojuegos

oýun pristawkasy

triciclo

üç tigirli welosiped

osito de peluche

plýuşadan aýyjyk

armario

egin-eşik üçin şkaf

ropa

egin-eşik

medias

jorap

medias panty

çulki

calzas

kolgotka

bufanda
şarf

paraguas
saýawan

remera
futbolka

cinturón
kemer

botas
ädik

pantuflas
öý şypbygy

zapatillas
krossowka

sandalias
··················
sandaliýa

zapatos
··················
aýakgap

botas de goma
··················
rezin ädik

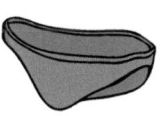

ropa interior
··················
türsük

corpiño
··················
göwüslik

chaleco
··················
maýka

body

bodi

pantalones

jalbar

jeans

jins

pollera

ýubka

blusa

bluzka

camisa

köýnek

pulóver

switer

buzo

switer

blazer

sport keltekçesi

campera

žaket

tapado

palto

piloto

plaş

traje

kostýum

vestido

köýnek

vestido de novia

toý köýnegi

traje

erkek üçin kostýum

camisón

ýatyş köýnegi

pijama

piżama

sari

sari

pañuelo para cabeza

ýaglyk

turbante

selle

burka

perenji

caftán

kaftan

abaya

abaýa

traje de baño

suwa düşmek üçin lybas

short de baño

plawki

shorts

şorty

jogging

sport lybasy

delantal

öňlük

guantes

ellik

botón

ilik

anteojos

äýnek

pulsera

bilezik

collar

zynjyr

anillo

ýüzük

aro

syrga

gorra

papak

percha

geýim asgyç

sombrero

şlýapa

corbata

galstuk

cierre

syrma

casco

şlem

tiradores

egnaşyr kemer

uniforme escolar

mekdep lybasy

uniforme

lybas

babero

çaga döşlügi

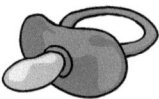

chupete

soska

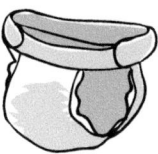

pañal

arlyk

oficina
ofis

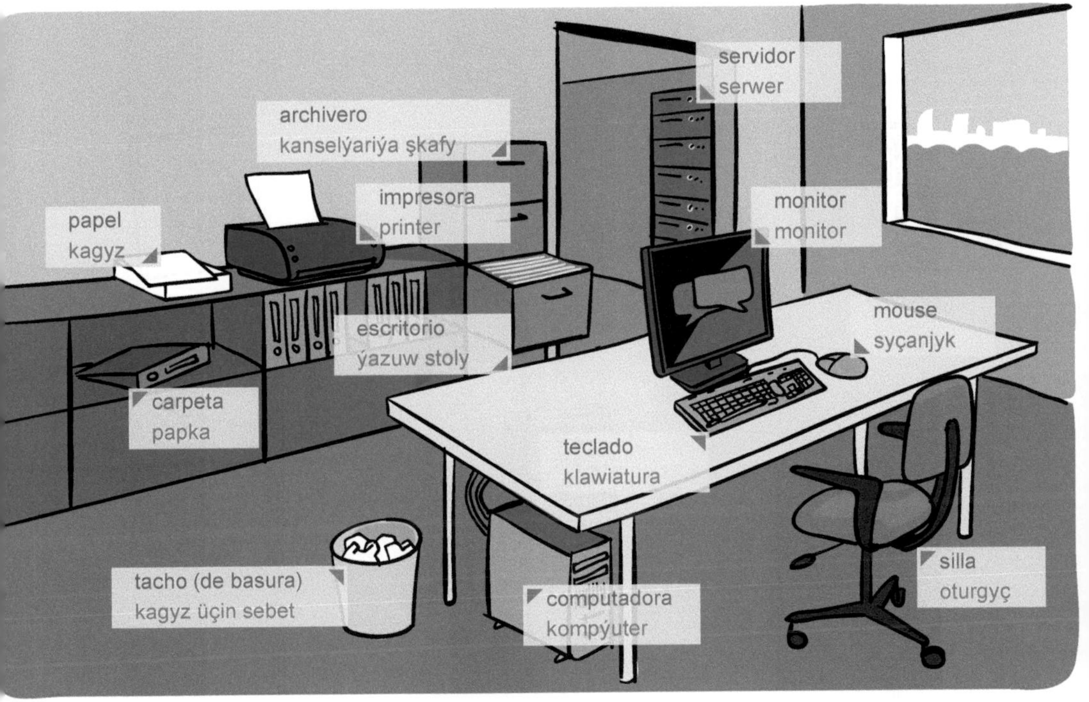

servidor
serwer

archivero
kanselýariýa şkafy

impresora
printer

papel
kagyz

monitor
monitor

mouse
syçanjyk

escritorio
ýazuw stoly

carpeta
papka

teclado
klawiatura

silla
oturgyç

tacho (de basura)
kagyz üçin sebet

computadora
kompýuter

taza de café

kofe kružkasy

calculadora

kalkulýator

internet

internet

laptop

noutbuk

carta

hat

mensaje

habar

celular

öýjükli telefon

red

tor

fotocopiadora

kseroks

software

programma

teléfono

telefon

tomacorriente

rozetka

fax

faks

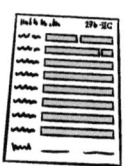

formulario

formulýar

documento

resminama

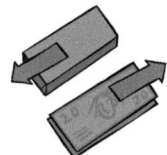

comprar

satyn almak

pagar

tölemek

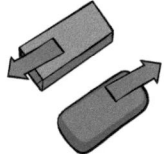

hacer negocios

söwda etmek

dinero

pul

dólar

dollar

euro

ýewro

yen

iena

rublo

rubl

franco suizo

frank

yuan

ženminbi ýuan

rupia

rupiýa

cajero automático

bankomat

casa de cambio

walýuta çalyşmak üçin bent

oro

altyn

plata

kümüş

petróleo

nebit

energía

energiýa

precio

baha

contrato

şertnama

impuesto

salgyt

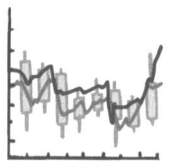

acción

paýnama

trabajar

işlemek

empleado

gullukçy

empleador

iş beriji

fábrica

fabrik

negocio

dükan

ocupaciones
hünärler

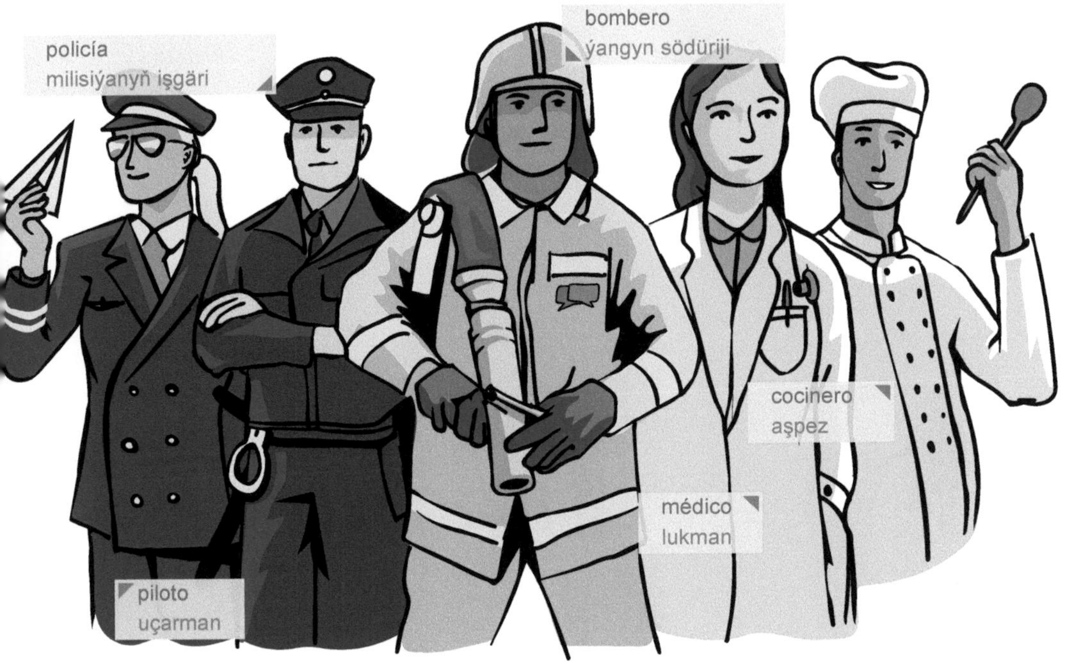

policía
milisiýanyň işgäri
bombero
ýangyn söndüriji
piloto
uçarman
médico
lukman
cocinero
aşpez

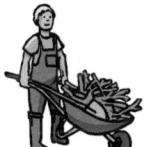

jardinero

bagban

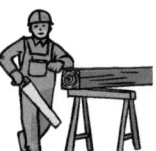

carpintero

agaç ussasy

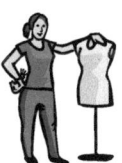

modista

tikinçi

juez

kazy

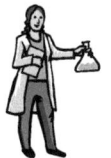

farmacéutico

himik

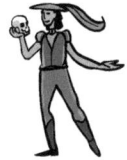

actor

aktýor

colectivero

awtobus sürüjisi

taxista

taksiçi

pescador

balykçy

mucama

tam süpüriji

techista

üçek basyrýan ussa

mozo

ofisiant

cazador

awçy

pintor

suratçy

panadero

çörekçi

electricista

elektrik

albañil

gurluşykçy

ingeniero

inžener

carnicero

gassap

plomero

santehnik

cartero

hatçy

soldado

esger

arquitecto

binagär

cajero

pulhanaçy

florista

floraçy

peluquero

dellekçi

cobrador

konduktor

mecánico

mehanik

capitán

kapitan

dentista

diş lukmany

científico

alym

rabino

rawwin

imán

imam

monje

monah

sacerdote

ruhany

herramientas
gurallar

tenaza
ýasy agyzly atagzy
martillo
çekiç
destornillador
otwýortka
linterna
jübü çyrasy
llave
gaýka açary

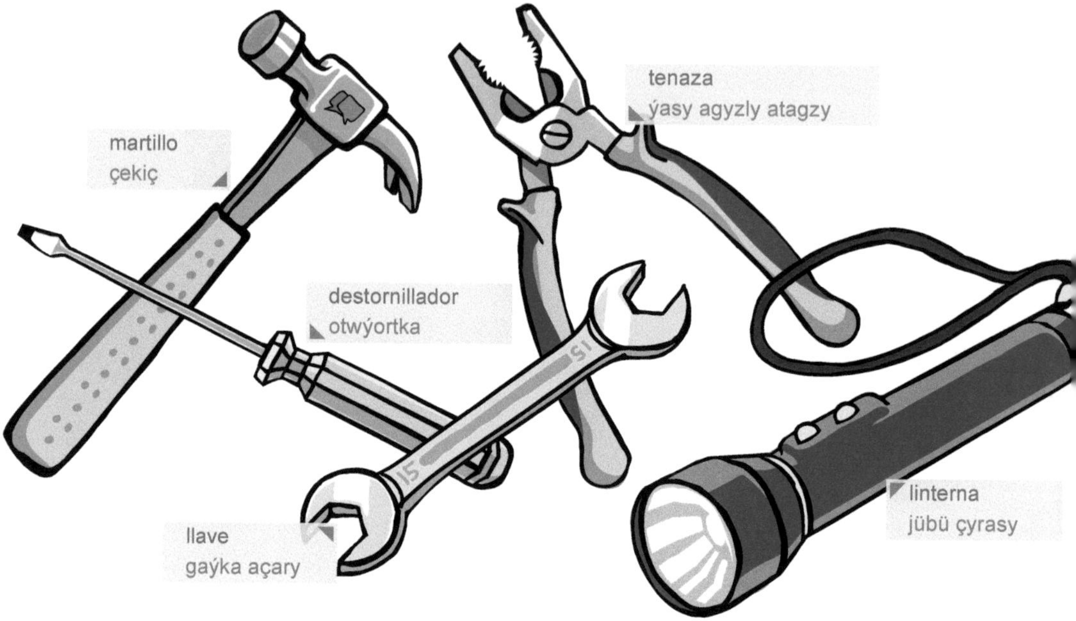

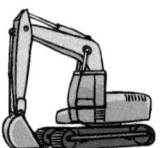

excavadora
ekskawator

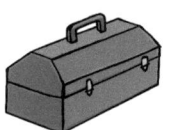

caja de herramientas
gurallar üçin gap

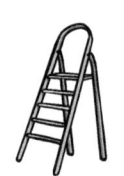

escalera portátil
merdiwan

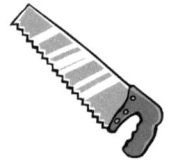

sierra
byçgy

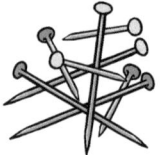

clavos
çüýler

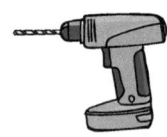

taladro
drel

arreglar

abatlamak

pala de jardín

pil

¡Qué bronca!

Bolmandyr!

pala de plástico

susguç

tacho de pintura

boýagly bedre

tornillos

nurbatlar

instrumentos musicales

saz gurallary

parlante
batly gürleýji

batería
kakylyp çalynýan saz guraly

contrabajo
kontrabas

trompeta
turba

guitarra
gitara

piano

pianino

violín

skripka

bajo

bas-gitara

timbales

nagara

tambor

deprek

teclado

sintezator

saxofón

saksafon

flauta

fleýta

micrófono

mikrofon

instrumentos musicales - saz gurallary

zoológico
haýwanat bagy

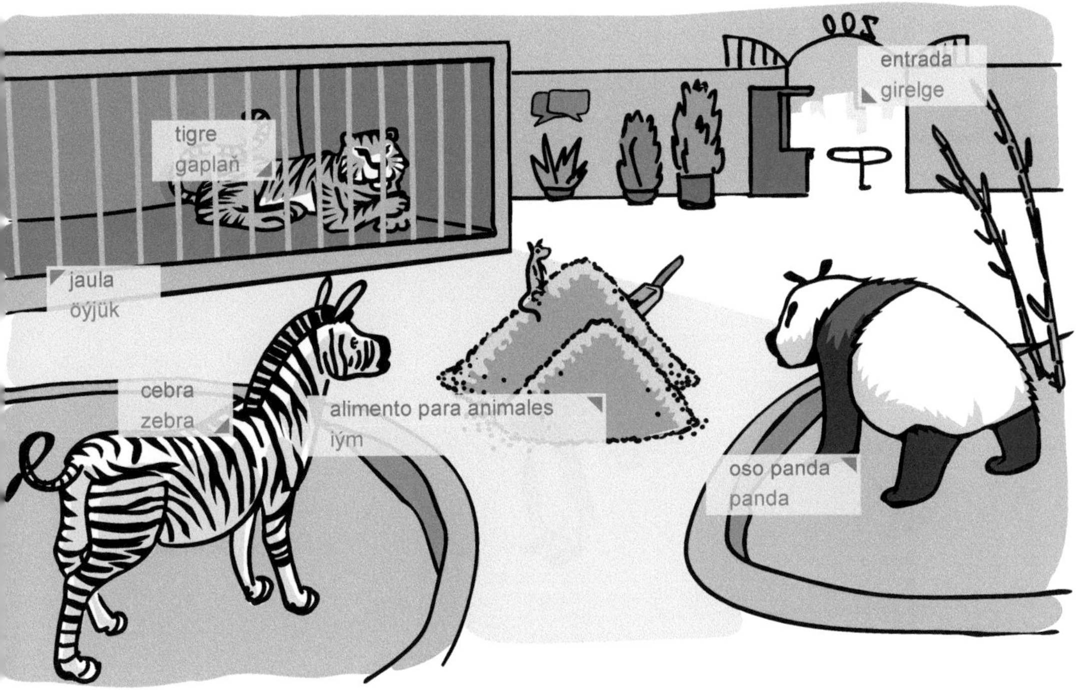
zoo
entrada
girelge
tigre
gaplaň
jaula
öýjük
cebra
zebra
alimento para animales
iým
oso panda
panda

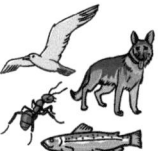

animales
haýwanlar

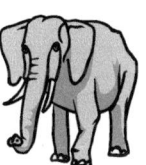

elefante
pil

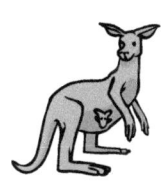

canguro
kenguru

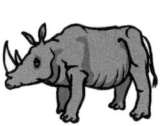

rinoceronte
nosorog

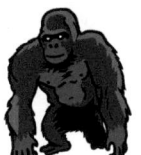

gorila
gorilla

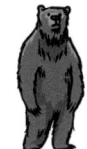

oso
aýy

camello

düýe

avestruz

düýeguş

león

ýolbars

mono

maýmyn

flamenco

gyzylinjik

loro

hindiguş

oso polar

ak aýy

pingüino

pingwin

tiburón

akula

pavo real

tawus

serpiente

ýylan

cocodrilo

krokodil

cuidador del zoológico

haýwanat bagynyň
gullukçysy

foca

düwlen

jaguar

ýaguar

poni

poni

leopardo

gaplaň

hipopótamo

begemot

jirafa

žiraf

águila

bürgüt

jabalí

ýekegapan

pescado

balyk

tortuga

pyşbaga

morsa

suwpişik

zorro

tilki

gacela

jeren

fútbol americano
amerikan

ciclismo
tigir sürmek

tenis
tennis

básquet
basketbol

natación
ýüzme

boxeo
boks

hockey sobre hielo
hokkeý

fútbol
futbol

bádminton
badminton

atletismo
ýeňil atletika

handball
gandbol

esquí
lyža sporty

polo
polo

reír
gülmek

saltar
bökmek

abrazar
gujaklamak

caminar
gitmek

cantar
aýdym aýtmak

soñar
arzuw etmek

rezar
dilemek

besar
öpmek

escribir

ýazmak

dibujar

surat çekmek

mostrar

görkezmek

presionar

basmak

dar

bermek

tomar

almak

tener

eýe bolmak

hacer

etmek

ser

bolmak

estar parado

durmak

correr

ylgamak

tirar

çekmek

tirar

taşlamak

caer

gaçmak

estar acostado

ýatmak

esperar

garaşmak

llevar

götermek

estar sentado

oturmak

vestirse

geýmek

dormir

ýatmak

despertar

oýanmak

mirar
görmek

llorar
aglamak

acariciar
sypalamak

peinar
daramak

hablar
gürlemek

entender
düşünmek

preguntar
soramak

escuchar
diňlemek

beber
içmek

comer
iýmek

ordenar
tertipleşdirmek

amar
зöýmek

cocinar
taýýarlmak

manejar
gitmek

volar
uçmak

navegar

ýelkeni ýaýyp gitmek

calcular

hasaplamak

leer

okamak

aprender

okamak

trabajar

işlemek

casarse

nikalaşmak

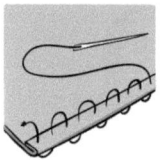

coser

dikmek

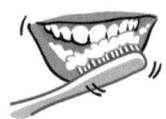

cepillarse los dientes

dişiňi arassalamak

matar

öldürmek

fumar

çilim çekmek

enviar

ugratmak

abuela
ene

abuelo
ata

padre
kaka

madre
eje

bebé
bäbek

hija
gyz

hijo
ogul

invitado

myhman

tía

daýza

tío

daýy

hermano

aga

hermana

uýa

cuerpo
ten

frente
maňlaý
ojo
göz
hombro
egin
dedo
barmak
cara
ýüz
pera
äň
mano
penje
pecho
döş
pierna
aýak
brazo
el

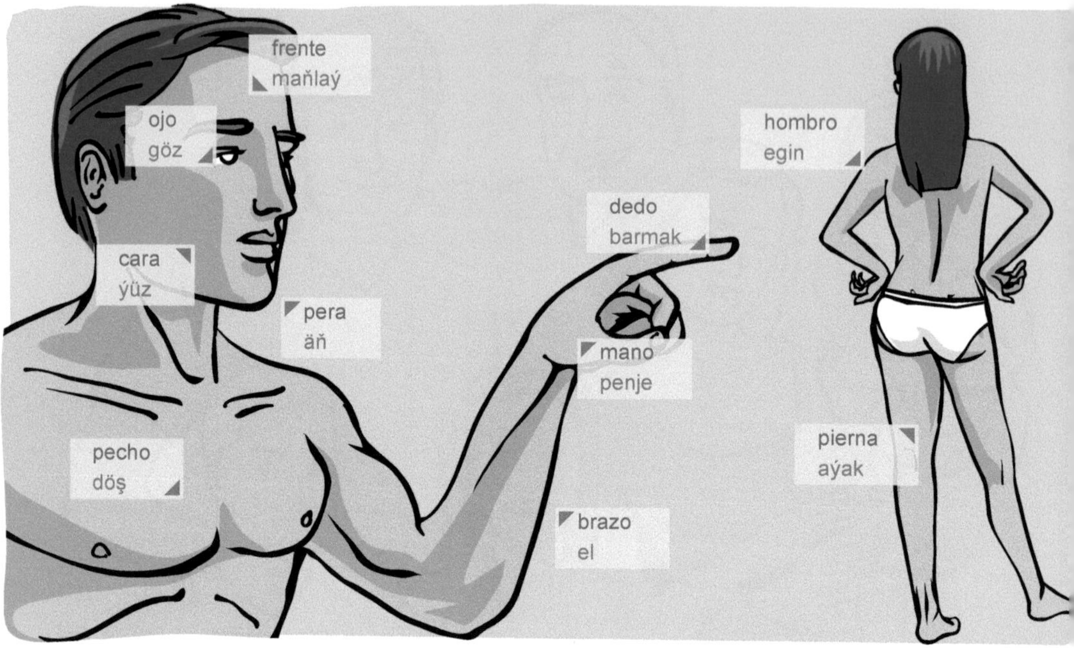

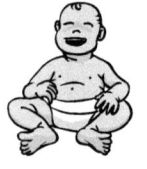

bebé
bäbek

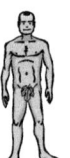

hombre
erkek

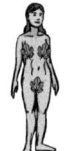

mujer
aýal

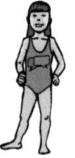

nena
gyz

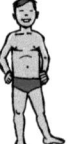

nene
oglan

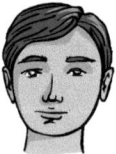

cabeza
kelle

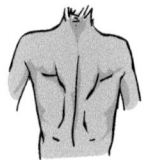

espalda

arka

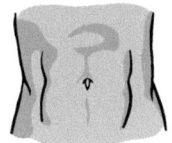

panza

garyn

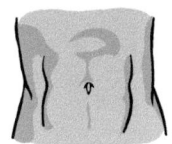

ombligo

göbek

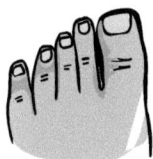

dedo del pie

aýak barmagy

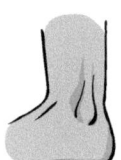

talón

ökje

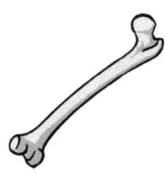

hueso

süňk

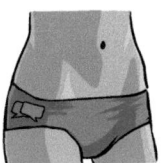

cadera

but

rodilla

dyz

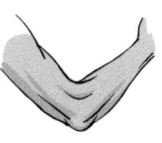

codo

tirsek

nariz

burun

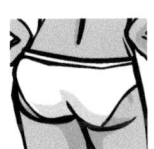

cola

ýanbaş

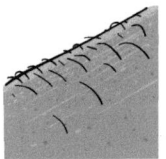

piel

deri

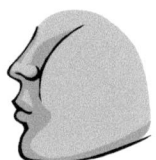

cachete

ýaňak

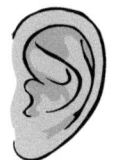

oreja

gulak

labio

dodak

boca

agyz

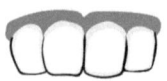

diente

diş

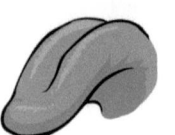

lengua

dil

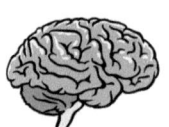

cerebro

beýni

corazón

ýürek

músculo

myşsa

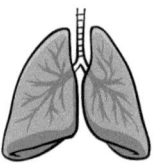

pulmón

öýken

hígado

bagyr

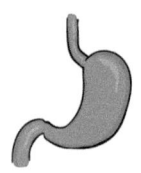

estómago

aşgazan

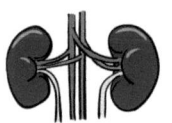

riñones

böwrek

sexo

jyns ýakynlygy

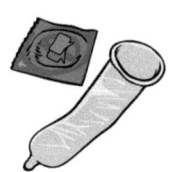

preservativo

prezerwatiw

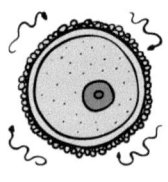

óvulo

erkeklik jyns öýjügi

semen

tohumlyk

embarazo

göwrelilik

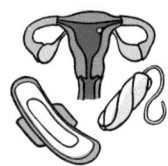

menstruación

bil açylma

vagina

wagina

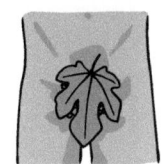

pene

erkek jyns agzasy

ceja

gaş

pelo

saç

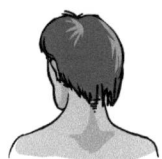

cuello

boýun

hospital
hassahana

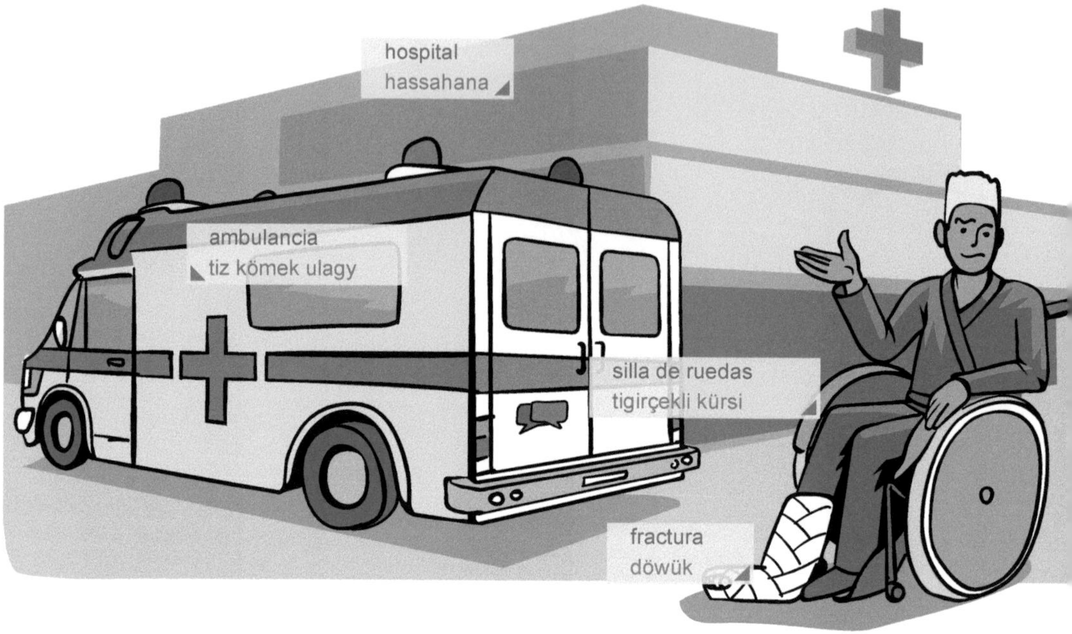

hospital
hassahana
ambulancia
tiz kömek ulagy
silla de ruedas
tigirçekli kürsi
fractura
döwük

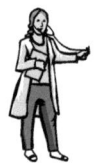

médico

lukman

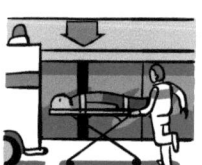

sala de guardia

ilkinji kömek nokady

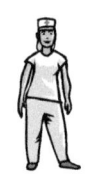

enfermera

şepagat uýasy

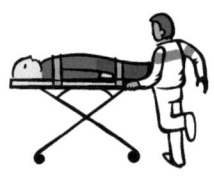

emergencia

gaýragoýulmasyz ýagdaý

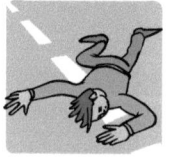

inconsciente

özüni bilmän

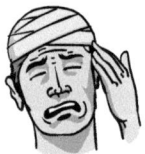

dolor

agyry

lesión

zeper ýetme

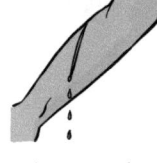

hemorragia

gan akmasy

infarto

infarkt

ACV

insult

alergia

allergiýa

tos

üsgülik

fiebre

ýokarlanan temperatura

gripe

dümew

diarrea

içgeçme

dolor de cabeza

kelle agyrysy

cáncer

rak

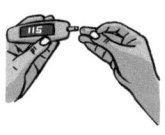

diabetes

diabot

cirujano

hirurg

bisturí

skalpel

operación

operasiýa

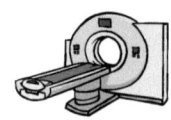

TC

iýmit siňdirýän ortlaryň jemi

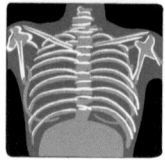

rayos x

rentgen

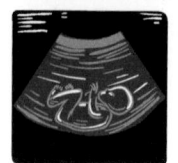

ecografía

ultrases

barbijo

maska

enfermedad

kesel

sala de espera

kabulhana

muleta

pişek

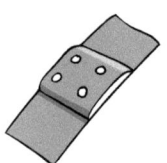

curita

plastyr

venda

bint

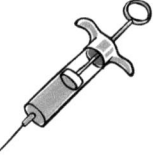

inyección

sanjym

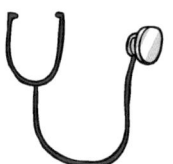

estetoscopio

stetoskop

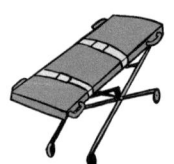

camilla

zemmer

termómetro

termometr

nacimiento

dogluş

sobrepeso

artykmaç agram

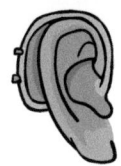

audífono

eşidiş abzaly

desinfectante

zyýansyzlandyryjy serişde

infección

ýokanç

virus

wirus

VIH / SIDA

WIÇ/ AIDS

remedio

derman

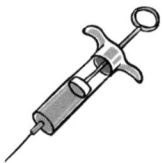

vacunación

öňüni alyş sanjymy

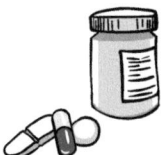

comprimidos

gerdejikler

pastilla anticonceptiva

göwreli bolmakdan goraýan gerdejik

llamada de emergencia

gaýragoýulmasyz çagyryş

tensiómetro

qan basyşyny ölçeýji abzal

enfermo / sano

näsag / sagdyn

¡Ayuda!
Kömek ediň!

alarma
howsala signaly

agresión
çozuş

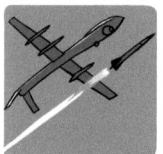

ataque
hüjüm

peligro
howp

salida de emergencia
ätiýaçlyk çykalgasy

¡Fuego!
Ýangyn!

matafuego
ot söndürijisi

accidente
betbagtçylykly ýagdaý

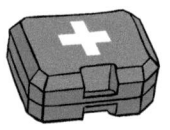

botiquín de primeros
auxilios
derman gutujygy

SOS
SOS

policía
milisiýa

Europa

Ýewropa

América del Norte

Demirgazyk Amerika

América del Sur

Günorta Amerika

África

Afrika

Asia

Aziýa

Australia

Awstraliýa

Atlántico

Atlantika ummany

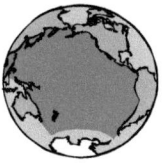

Pacífico

Ýuwaş umman

Océano Índico

Hindi ummany

Océano Antártico

Antarktika ummany

Océano Ártico

Demirgazyk Buzly umman

polo norte

Demirgazyk polýusy

polo sur

Günorta polýusy

Antártida

Antarktida

Tierra

zemin

tierra

gury ýer

mar

deñiz

isla

ada

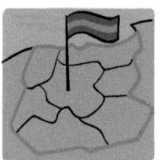

nación

millet

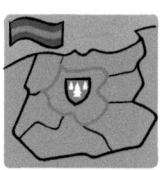

estado

döwlet

esfera

siferblat

manecilla de las horas

sagadyň dili

minutero

minut görkezýän dil

segundero

sekundy görkezýän dil

¿Qué hora es?

sagat näçe?

día

gün

hora

wagt

ahora

häzir

reloj digital

elektron sagady

minuto

minut

hora

sagat

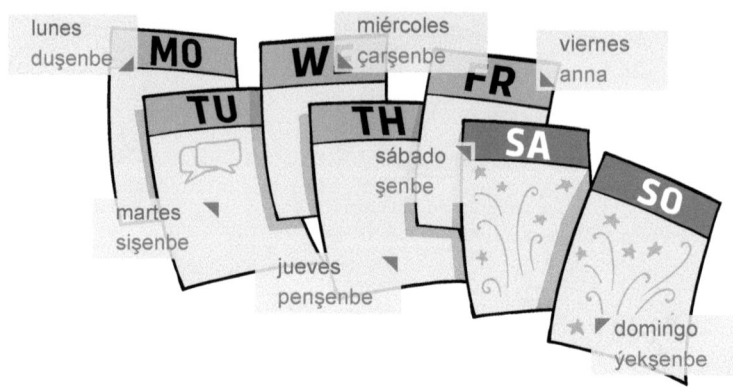

lunes
duşenbe — **MO**

miércoles
çarşenbe — **W**

viernes
anna — **FR**

TU

TH

sábado
şenbe — **SA**

SO

martes
sişenbe

jueves
penşenbe

domingo
ýekşenbe

ayer

düýn

hoy

şu gün

mañana

ertir

mañana

säher

mediodía

günortan

tarde

agşamlyk

MO	TU	WE	TH	FR	SA	SU
1	2	3	4	5	6	7
8	9	10	11	12	13	14
15	16	17	18	19	20	21
22	23	24	25	26	27	28
29	30	31	1	2	3	4

días hábiles

iş günler

MO	TU	WE	TH	FR	SA	SU
1	2	3	4	5	6	7
8	9	10	11	12	13	14
15	16	17	18	19	20	21
22	23	24	25	26	27	28
29	30	31	1	2	3	4

fin de semana

dynç günler

año
ýyl

lluvia
ýagyş
arco iris
älemgoşar
nieve
gar
viento
şemal
primavera
ýaz
otoño
güýz
verano
tomus
invierno
gyş

4.APRIL 11°
5.APRIL 4°
6.APRIL 13°
7.APRIL 8°
8.APRIL 10°

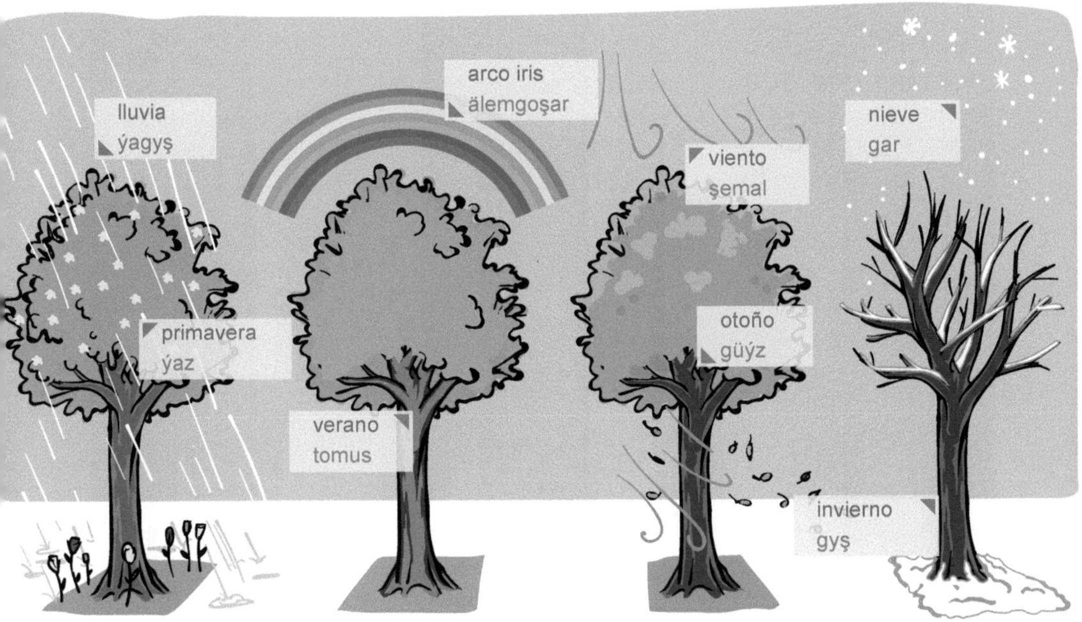

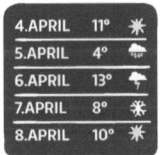

pronóstico meteorológico
howa maglumaty

F
C

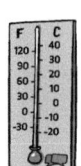

termómetro
termometr

luz del sol
gün ýagtylygy

nube
gara bulut

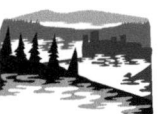

niebla
ümür

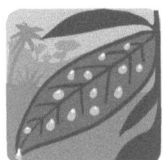

humedad
howanyň çyglylygy

rayo

ýyldyrym

trueno

gök gümmürdisi

tormenta

tupan

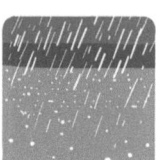

granizo

doly

monzón

musson

inundación

suw alma

hielo

buz

enero

ýanwar

febrero

fewral

marzo

mart

abril

aprel

mayo

maý

junio

iýun

julio

iýul

agosto

awgust

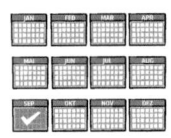

septiembre

sentýabr

octubre

oktýabr

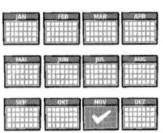

noviembre

noýabr

diciembre

dekabr

formas

görnüşler

círculo

tegelek

cuadrado

kwadrat

rectángulo

göniburçluk

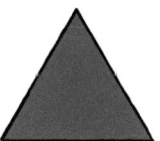

triángulo

üçburçluk

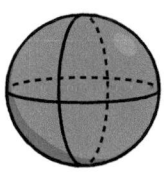

esfera

şar

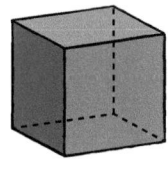

cubo

kub

colores
reňkler

blanco
....
ak

amarillo
....
sary

naranja
....
mämişi

rosa
....
gülgüne

rojo
....
gyzyl

violeta
....
liliýa reňkli

azul
....
gök

verde
....
ýaşyl

marrón
....
goňur

gris
....
çal

negro
....
gara

mucho / poco

köp / az

enojado / tranquilo

gazaply / asuda

lindo / feo

owadan / betnyşan

principio / fin

başy / soňy

grande / chico

uly / kiçi

claro / oscuro

açyk / garaňky

hermano / hermana

oglan dogan / gyz dogan

limpio / sucio

arassa / hapa

completo / incompleto

doly / doly däl

día / noche

gündiz / gije

muerto / vivo

jansyz / diri

ancho / angosto

giň / dar

comestible / no comestible

iýilýän / iýilmeýän

malo / amable

gaharly / dostlukly

entusiasmado / aburrido

tolgunly / tukat

gordo / flaco

çişik / hor

primero / último

başda / soňunda

amigo / enemigo

dost / duşman

lleno / vacío

doly / boş

duro / blando

berk / ýumşak

pesado / liviano

agyr / ýeňil

hambre / sed

açlyk / teşnelik

enfermo / sano

näsag / sagdyn

ilegal / legal

bikanun / kanuny

inteligente / estúpido

akyly / akmak

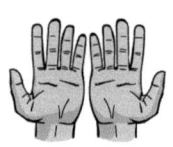

izquierda / derecha

çepde / sagda

cerca / lejos

ýakyn / daş

nuevo / usado

täze / ulanylan

nada / algo

hiç zat / bir zat

viejo / joven

garry / ýaş

encendido / apagado

ýakylan / söndürilen

abierto / cerrado

açyk / ýapyk

silencioso / ruidoso

ýuwaş / gaty

rico / pobre

baý / garyp

correcto / incorrecto

dogry / nädogry

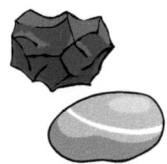

áspero / suave

büdür-südür / tekiz

triste / contento

gamgyly / şatlykly

corto / largo

gysga / uzyn

lento / rápido

haýal / tiz

mojado / seco

öl / gury

caliente / frío

ýyly / sowuk

guerra / paz

uruş / parahatçylyk

0	**1**	**2**
cero	uno	dos
nul	bir	iki

3	**4**	**5**
tres	cuatro	cinco
üç	dört	bäş

6	**7**	**8**
seis	siete	ocho
alty	ýedi	sekiz

9	**10**	**11**
nueve	diez	once
dokuz	on	on bir

12

doce

on iki

13

trece

on üç

14

catorce

on dört

15

quince

on bäş

16

dieciséis

on alty

17

diecisiete

on ýedi

18

dieciocho

on sekiz

19

diecinueve

on dokuz

20

veinte

ýigrimi

100

cien

ýüz

1.000

mil

müň

1.000.000

millón

millıon

inglés

iňlis

inglés americano

amerikan iňlis

chino mandarín

mandarin hytaý

hindi

hindi

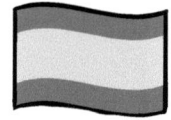

español

ispan

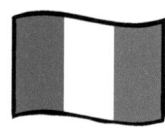

francés

fransuz

árabe

arap

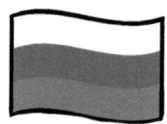

ruso

rus

portugués

portugal

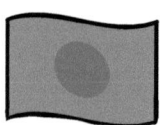

bengalí

bengal

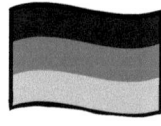

alemán

nemes

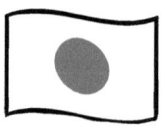

japonés

ýapon

yo

men

vos

sen

él / ella

ol (oglan) / ol (gyz) / ol
(jansyz zat)

nosotros

biz

ustedes

siz

ellos

olar

¿quién?

kim?

¿qué?

näme?

¿cómo?

nähili?

¿dónde?

nirede?

¿cuándo?

haçan?

nombre

ady

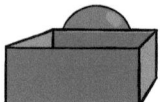

detrás

yzynda

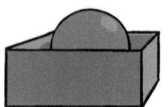

en

içinde

adelante de

öñünde

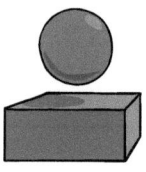

por encima de

bir zadyň üsti

sobre

üstünde

debajo de

aşagynda

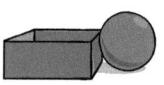

al lado de

ýanynda

entre

arasynda

lugar

ýer